내가 머무는 세상

정현우

비전북하우스

정현우 시집
내가 머무는 세상

초판 1쇄 발행 | 2023년 4월 27일

저　자 | 정현우
펴낸이 | 이종덕
펴낸곳 | 비전북하우스

교 정 | 이현아　　디자인 | 고미례
표 지 | 고미례　　공급처 | 도서출판 소망사
　　　　　　　　 전화 / 031-976-8970
　　　　　　　　 팩스 / 031-976-8971

ⓒ 정현우 2023

등 록 | 제2009-8호(2009.05.06.)
주 소 | 01433 서울시 도봉구 해등로 25길 41
전 화 | 010-8777-6080
메 일 | lid630@hanmail.net
정 가 | 15,000원

ISBN | 979-11-85567-37-2 03810

* 이 책의 저작권은 저자가 가지고 있습니다.
　저자와 출판사의 허락없이 책의 내용이나 표지를 인용하거나 복제할 수 없습니다.

_____ 에게

20 . . .

												_____ 드림

| 들어가면서 |

나의 삶을 바꿔놓은 선생님

  처음부터 시인이 되고 싶었던 것은 아닙니다.
  들꽃 사진을 찍고 거기에 한 줄 두 줄 마음에 있는 글을 올려놓다 보니 어느 순간, 사람들이 정현우에 시인이란 호칭을 붙여주었습니다. 처음에는 남의 옷을 빌려 입은 것처럼 어딘가 편하지 않고 불편했습니다. 하지만 한 해 두 해가 지나고 나름대로 문단 활동을 하다 보니 시인이란 호칭도 그렇게 불편하지만은 않았습니다.
  나의 어릴 적 꿈은 연기자나 배우, 연극인, MC, DJ… 이런 사람이 되는 게 꿈이었습니다.
  그런데 문학 장르에 시 낭송이라는 장르가 있다는 것을 알게 되었습니다. 정적이고 평면화된 시를 목소리와 감정과 몸짓 그리고 온몸으로 연출하는 시 낭송의 매력에 푹 빠져서 살다 보니 자동적으로 저의 마음속에 응어리져있던 그 무엇인가가 서서히 풀리기 시작했습니다. 그리고 시를 소리 내어 읽으면서 많이도 울고 또 울고 했습니다.
  시와 시 낭송을 만나기 이전에는 나는 사실 울지 못하는 벙어리 매미였습니다. 가슴이 아파도 눈물이 나지 않는 병이 있었는데 시를 만나서 울 수도 있었고, 웃을 수도 있었고, 또 남을 배려하는 마음도

많이 생기게 되었습니다. 시와 시 낭송이 나의 삶을 바꿔놓은 선생님이었습니다. 그리고 나는 시 낭송 대회에서 대상도 받고, 시를 대본으로 하는 연극배우(시 낭송가)도 되었습니다. 중년에 접어들어 어렸을 적 꿈을 이룬 것입니다.

지난 7, 8년간 틈틈이 써온 시를 분류해서 전반부를 첫 시집「내가 머무는 세상」에 담았습니다. 소재가 한정되지 않고 다양하여 지루한 감은 없을 거라 생각합니다. 내가 머무는 세상에 모든 일상들을 쉽고 편한 문장으로 표현하려고 노력했습니다. 햇살 고운날 연한 블랙커피 한잔 타들고 저의 마음을 읽고 봐주시고 공감해 주시면 더없는 행복이 될 것입니다. 그리고 응원과 성원 보내주시면 두 번째 시집에 더욱 공을 들이겠습니다.

함께 도움 주신 홍영수 평론가님, 장충열 교수님, 홍은숙 지부장님, 이종덕 비전북하우스 대표님께 깊은 감사를 드립니다.

〈시를 낭송하는 사람들〉 가족 여러분!

시를 사랑하시는 모든 분들!

고맙습니다.

| 추천의 글 |

「내가 머무는 세상」
첫 시집 출간을 축하하며

장충열 시인
사) 한국문인협회 문화예술 이사

"시는 내가 만든 것이 아니다. 시가 나를 만든 것이다"라는 오스카 와일드의 말이 아니더라도 시인은 시를 쓰면서 스스로 시가 되어 시인의 길을 걷는다. 정현우 시인의 작품은 시와 친숙하게 일체감에 젖어들게 한다. 「내가 머무는 세상」이란 제목부터 정겹게 시에 머물고 여운이 남게 하며 기분 좋은 봄날로 채색된다. 작은 것 하나하나 섬세하고 체험적 사색에서 우러나온 깊이가 감동을 주고 있다.

철학과 체험에서 응집된 울림의 표현들은 천상 타고난 감성의 시인이라는 생각이 든다. 고급스런 서정부터 가장 인간적인 밑바닥의 느낌까지 놓치지 않고 우리네 정서를 잘 그려내고 있다. 화려한 수사법을 쓰지 않아도 진솔한 감성을 담백하게 형상화시켜 공감의 울림을 확대시키고 있다. 때로는 애잔하게 자연의 일부로 스며들게 하고, 때로는 꿈의 나래를 펼치게 하는 신선한 상상의 매력

이 돋보인다. 시적 대상을 잘 포착해서 내적 진실과 매치시키는 재능이 탁월하고 순수하며, 시 사랑이 그대로 생의 배경이 되는 멋진 시인이다.

 또한 정현우 시인은 유명 전국 시 낭송대회에서 대상을 수상한 대단한 실력의 시 낭송가로 큰 활약을 하고 있다. 함께 활동하는 문우들로부터도 개성이 확실한 자기 관리로 존경과 인정을 받으며, 시와 시 낭송으로 힐링을 주는 자랑스런 시인이다. 정현우 시인의 첫 시집이 많은 독자들이 즐감하며, 감동하고, 시 낭송을 하리라 생각한다. 봄꽃들의 아름다운 박수를 받으며 마음에 자리하는 시집으로 오래도록 사랑받으리라 믿으며, 축하와 응원을 보낸다.

| 축하의 글 |

「내가 머무는 세상」
첫 시집 출간을 축하하며

홍은숙 시인
사) 한국문인협회 여주지부 전 지부장

　정현우 시인은 시 낭송가로 출발한 시인이다. 본인이 애송하는 시를 사람들 앞에서 낭송하며 공유하는 것을 즐거워했다. 시낭송가 정현우 시인이 문단에 처음 들어오던 날 수줍은 커다란 눈망울과 미소를 나는 지금도 기억하고 있다. 정현우 시인은 처음 그때의 수줍은 눈빛과 미소를 그대로 담고 있다. 세련되게 다듬어지지 않은 순수한 그대로의 서정적 시심 세계에 한 발을 담근 채 바쁘고 영악한 현실을 살아오며 겪었을 갈등이 안쓰럽게 드러나 뭉클뭉클 독자의 가슴을 울린다.

　　시계 소리는 심장으로 전해져
　　이제는 가슴을 압박한다
　　찰각찰각…

'미틈달에, 나는' 일부

　물질만능 자본주의 사회에서 가난한 시인이 시인답게 자긍심을

갖고 살아나가기란 쉽지가 않다. 시를 읽는 내 가슴을
철렁 내려앉게 하는 구절이다. 시의 화자가 내가 아닌
네가 되어 이해와 통찰을 나눔으로써 위로를 받고자 하는
시인 정현우는 "초롱초롱 빛나는 박새의 눈망울", "누나의 얼굴"에
서 자신과 사회의 갈등에서 쌓인 상처를 치유받는다.

> 가끔은 용변을 보듯
> 기분 나쁘지만 시원한 것
> 오늘은 욕 한번 실컷 해보고 싶다
>
> '어머니의 해학' 일부

> 어느 순간부터인가부터 나는 짐이 되었다
> 걸림돌이 된 것이다
> 한 걸음 내디딜 때마다
> 그 발디딤조차 허락받아야 하는
> 진정한 짐이 되었다
>
> 아!
> 아무짝에도 쓸모없는 짐
>
> '짐과 짐꾼' 일부

　자신과의 싸움이든 사회에 대한 저항이든 쏟아 버리고 싶은 욕구로 시인의 가슴은 벅차다. 여린 시인의 시심으로 저항하기에 전쟁터인 삶은 잔혹하도록 황폐하고 외롭다. 전쟁터에서 탈출구는 언제나 약자인 시인 편으로 열려 있다. 도시보다 숲과 자연으로 열려 있는 탈출구에 남은 한 발을 내닫은 시인 정현우는 비로소 어머니와 관련

된 시와 많은 꽃들에 관하여 많은 시를 쓰며 자연인으로서 평화를 찾은듯하다

> 나지막한 야산으로 둘러싸인 양지바른 공간
> 바람도 멈춰버린 정오 즈음에
> 따스한 햇살이 머무는 이곳, 여향헌(餘香軒)
> '바람도 머물다 가는 여향헌' 일부

정연우 시인이 살고 있는 여향헌에는 사시사철 아름다운 들꽃이 피고, 이름 모를 산새들이 지저귄다. 때때로 이따끔씩 열리는 시 낭송회는 작은 시골 마을에 소극장이다. 시를 좋아하는 시인들이 반갑게 이 시 낭송회 행사를 즐긴다. 사람과 자연을 좋아하는 정현우 시인의 생활을 여실히 보여주는 시다. 삶의 전쟁터에서 벗어나 여유와 행복을 추구하는 정현우 시인의 다정함에 백미로 손꼽을 수 있는 작품이다.

> 우리 집에는 문이 없다
> 대문도 없고, 현관문도 없고
> 방문도, 화장실 문도 없다
>
> 나의 마음에도 문이 없다.
> 누구나 내 마음에 찾아들어
> 놀다가 웃다가 훌쩍 떠난다
>
> 배짱이 좋다
> 보아라, 내 마음속 구석구석을

거울처럼 내어놓고 산다
하지만, 내 마음속 가득 메웠던 너의 온기가
날로 식어가니 이제는 문을 닫아야겠다
너의 온기가 다 식기 전에

'문이 없다' 전문

내 어머니 살아계셨을 때
식사 때만 되면 늘 타박이셨다
밥을 조금 입에 넣으시고 하시는 말씀이
모래알 씹는 것 같다
입이 소태처럼 쓰다
밥을 파리가 빨아놓은 것 같다
타박도 많고 투정도 많았던 어머니

오늘은 함께 밥 먹는 아내에게서
그 어머니의 모습을 보았다

'아내에게서 어머니를 본다' 일부

 아내에게서 어머니를 만나는 시인은 늘 속죄하는 마음으로 세상을 살고 있다. 어머니에 대한 그리움과 향수는 효심에 대한 속죄의 마음과 연결되어 있다. 윤회처럼 돌고 있는 어머니에 대한 영원한 향수를 끊어내지 못하는 시인의 가난한 마음은 그래서 늘 고독하고 애절하다.

 정현우 시인의 여린 시심에 "가난한 자여 그대에게 복이 있나니"라는 성경 마태복음 한 구절로 건필을 독려하고 싶다.

| 차례 |

- 들어가면서 _ **정현우** · 4
- 추천의 글 _ **장충열 시인** · 6
- 축하의 글 _ **홍은숙 시인** · 8

제1부 | 눈속에도 꽃은 피어난다

미틈달에, 나는 · 18

어쩌란 말인가요 · 19

동면 · 20

누나 얼굴 · 21

밥 냄새 · 22

산다는 것은 · 23

짐과 짐꾼 · 24

덧없는 삶 · 25

울고 · 26

어머니의 해학 · 27

혼술 · 28

눈 덮인 세상을 바라보며 · 29

인생이란 · 30

겨울이 오면 그리워지는 사람 · 31

낮은 사랑 · 32

버림, 그 아름다움 · 33

회상 · 34

함께 걸어요 · 35

벙어리장갑 · 36

제2부 | 바람도 머물다가는 여향헌

바람도 머물다 가는 여향헌(餘香軒) • 38

멍울 맺힌 목련 • 39

함께 보는 꽃 • 40

봄꽃 1 • 41

봄꽃 2 • 42

봄비를 맞으며 걸어봐 • 43

꽃에 대한 질투 • 44

앵두꽃 • 45

달빛으로 너에게 간다 • 46

클로버 • 47

그대 오세요 • 48

보리밭 풍경 • 49

소리산 양지꽃 • 50

벚꽃 • 51

꽃을 담고 • 52

바람을 맞다 • 53

제3부 | 비내리는 이포강

하루살이의 삶 • 56
비 온다 • 57
비 오는 날에는 • 58
비 내리는 이포보 • 59
사랑꽃 1 • 60
사랑꽃 2 • 61
오월의 추억 하나 • 62
기다림의 끝자락 • 63
사랑 비 • 64
기다림의 미학 • 65
그곳이 바로 • 66
다른 세상 • 67
술 한 잔 • 68
만득이와 허수아비 • 69
어머니의 모시 적삼 • 70
시인 • 71

제4부 | 버릴 수 없는 인연

문이 없다 • 74
사람은 늘 • 75
공주의 환생 • 76
적응이란 것 • 77
사람은 그래요 • 78
아내에게서 어머니를 본다 • 79
고독 • 80
날씨가 차요, 어머니 • 81
이해한다는 것 • 82
그리움 1 • 83
산다는 게 • 84
짝사랑과 혼술 • 85
짝사랑 • 86
그리움 2 • 87
끝나지 않는 전쟁 • 88
사랑의 갈증 • 89
사랑의 시작점 • 90

제5부 | **내가 머무는 세상**

    판교에서 여주행 열차를 기다리며 • 92
    영월루 • 93
    단념 그리고 포기 • 94
    고독 • 95
    바람난 날 • 96
    병든 모난 사람 • 97
    깡통 • 98
    그렁그렁 • 99
    사랑의 다리 • 100
    모래 위에 집을 짓다 • 101
    행복과 불행 • 102
    그 누군가를 떠나보내며 • 103
    술잔에 그리움 담아 • 104
    사랑 • 105
    빈 술잔 앞에 두고 • 106
    고들빼기 사촌 • 107
    인생 여정 • 108
    부엉이바위 • 109
    내가 머무는 세상 • 110

■ **서평 _ 홍영수 시인** • 111

제1부

눈 속에도 꽃은 피어난다

미틈달에, 나는
어쩌란 말인가요
동면
누나 얼굴
밥 냄새
산다는 것은
짐과 짐꾼
덧없는 삶
울고
어머니의 해학

혼술
눈 덮인 세상을 바라보며
인생이란
겨울이 오면 그리워지는
사람
낮은 사랑
버림, 그 아름다움
회상
함께 걸어요
벙어리장갑

미틈달에, 나는

지나간 열한 달 그리고 남은 한 달
살아온 세월과 앞으로 살아갈 세월
눈 떠보면 오늘은 어제의 오늘이 아니었다
벽에 붙어 밥만 주면 찰칵대는 동그란 벽시계는
늘 그 자리에서 무언가 할 말이 있었나 보다

시계 소리는 심장으로 전해져
이제는 가슴을 압박한다
찰칵찰칵…
쉼 없는 외침은 무엇을 말하려 하는 걸까
주어진 삶을 묵묵히 살다 보면,
그 삶마저 버거워 거친 숨소리
멎으면 알게 되겠지
시곗바늘도 심장 소리도 조용히 멎는 날
그때는 알게 되겠지

어쩌란 말인가요

바람이 불어요
어쩌란 말인가요
흰 눈이 내려요
어쩌란 말인가요
바람이 불어도 흰 눈이 내려도
나는 아무것도 할 수 없네요

한겨울 싸늘한 바람에 가슴이 시려요
어쩌란 말인가요
울어도 웃어도 가시지 않은 아련함을
어쩌란 말인가요

햇빛의 양지 녘은 따스하지만
세상사는 어느 누가 따사롭게 하나요

숨을 참을까요
눈을 감을까요
귀를 닫을까요
어쩌란 말인가요

언제나 메아리치며 들려오는 소리
나 여기 있다
나 여기 있다 한다

동면

온 누리가 고독으로 잠들지라도
그 순간이 지나고 나면
생명의 물 한 방울 떨어지겠지
내 곁을 떠나버린 친구
저만치 멀어져 간 사랑
붙잡고 있지만 허전한 나날
새로운 내일을 기다리는 것이
비록 모순일지라도
소풍 가는 날을 손꼽아 기다리는 아이처럼
그렇게 기다려야 한다
기다리는 내일이
오늘보다 못할지라도
더 나은 내일을 위해
난, 동면에 들어야 한다

누나 얼굴

한겨울
검정 고무신 신고
행여 눈밭에 빠질세라
나뭇가지에 소복이 쌓인 눈
초롱초롱한 박새의 눈망울로
한걸음 내딛는 누나가 동백꽃처럼
발그레하다

뒤뜰에 모여 앉은 두 아이
시린 발가락 꼼지락꼼지락
흐르는 콧물 훌쩍훌쩍
서로 마주 보는 눈빛이
햇살처럼 따스하다

밥 냄새

향긋한 연기가 문틈으로 스며들고
따닥 따닥 딱
따닥 딱 따닥
솔잎 태운 온기에 다시금 단잠에 빠져든다

와앙~ 소리 내며
가마솥 뚜껑이 반쯤 열릴 때
밥 짓는 구수한 내음에 눈이 번쩍 뜨인다

보리밥 위에
하얀 쌀밥은 아버지 밥
덜렁 감자 하나는 누나 밥
누룽지는 내 밥
물 부어 긁어 담은 바가지는 엄마 밥

밥상 위의 커다란 양푼엔
파란 배추김치 한 포기
그 위에 살포시 앉은 살얼음
구수한 밥 냄새가
그리움의 그리움으로
유난히 가슴속에 스미는 오늘

산다는 것은

바람이 불지도 않는데
싸늘한 냉기 가슴을 파고들고
떨리는 가슴 진정시켜 따른 술은
한 잔 또 한 잔
깊어지는 건 정만이 아니더라

진눈깨비 싸리눈 되어 사르르 내리더니
소리 없어 돌아보니
함박눈 되어 쌓여가는데
쌓이는 건 눈만이 아니더라

땅거미 내려앉을 무렵
허공에 뿜어대는 깊은 한숨 소리도
이내 회색 구름 되어 사라지더라

미움도 쌓이고
근심도 깊어지고
신념도 사라지니
가슴에 남는 건 공허함뿐이더라

짐과 짐꾼

언제부터인가
나는 누군가의 짐꾼이었다
언제든지 부르면 달려가서
짐을 들어주는 짐꾼이었다
필요할 땐 뭐든지 들어주고
옮겨주는 짐꾼
짐도, 피곤함도, 힘겨움도
모두 들어주는 그런 짐꾼이었다
그것이 나의 최선인 줄 알았다
때로는 재롱쟁이로
때로는 응석쟁이로

어느 순간부터인가 나는 짐이 되었다
걸림돌이 된 것이다
한 걸음 내디딜 때마다
그 발디딤조차 허락받아야 하는
진정한 짐이 되었다

아!
아무짝에도 쓸모없는 짐
그렇게
짐이 아닌 짐이 되어 버렸다

덧없는 삶

비가 오니 바람 불고
바람 부니 눈이 오고

소복이 쌓인 눈 녹을 즈음
따스한 햇살 받고 돋아난
고운 새싹 파릇파릇

아~
아등바등 세상살이
덧없이 흘러만 가는구나

울고

누구는 슬퍼서 울고
누구는 아파서 울고
누구는 서운해서 울고
누구는 억울해서 울고
누구는 속상해서 울고
누구는 기막혀서 울고
누구는 기뻐서 울고
누구는 사랑스러워서 울고
누구는 행복해서 울고
누구는 보고파서 울고
누구는 웃겨서 울고
누구는 좋아서 울고
누구는 눈부셔서 울고
누구는 감동해서 울고
나는 울고 또 울고
바보처럼 그렇게 오늘도 울고

어머니의 해학

오늘은 왠지 욕을 하고 싶다
욕이란 들을 땐 기분 나쁘지만
할 때는 시원하니 하나의 욕구를 발산하는 것이다
돌아가신 내 어머니는 욕쟁이셨다
말에 앞서 욕을 먼저 시작한다
저런 빌어먹을 놈
저런 육시랄 놈
저런 주릴 놈
저런 호랑이 물어갈 놈
저런 염병할 놈
저런…
욕이라는 것
가끔은 용변을 보듯
기분 나쁘지만 시원한 것
오늘은 욕 한번 실컷 해보고 싶다

혼술

앗!
집이
썰렁하다
냉장고 문을 여니
그 속에 기다리는 소주 한 병
바로 이것이 나의 참 인생이지
조심스레 꺼내야 한다
들키면 날벼락이다
혼술이 좋아서
그냥 마신 술
기분 야릇
한잔
쪽

눈 덮인 세상을 바라보며

세상이 온통 눈으로 덮였습니다
하얗게 눈 덮인 세상을
사람들은 저마다의 각도에서 바라보며
사진 찍고, 눈사람 만들고, 사고를 접합니다

언젠가 봄 햇살에 눈이 녹아
앙상한 모습이 드러날지라도
덮을 수 있다면 모두 덮고 싶습니다
그래서 잘못된 일들은 모두 덮이고 사라져버리고
햇살 좋은 봄날이었으면 좋겠습니다
미소 지으며 바라볼 수 있는, 향기로운
꽃 같은 사람들이 많았으면 좋겠습니다

인생이란

정신없이 바쁜 하루가 지났다
손톱에는 검은 때가 잔뜩 끼어있고
세상 갓 떠난 사람의 피부처럼
추워서일까, 손이 시퍼렇다
술시가 일찍 찾아온 오늘
두 병에 담은 근심과 걱정은
눈을 뻘겋게 물들였고
목젖을 적시며
빈속으로 들어간 몇 잔의 술은
입안을 씁쓸하게 헹궜다
카~, 소리 내며 떨어뜨린 눈물 몇 방울
아! 인생이란…
예쁜 술잔이 빙그레 미소 짓는다,
내게

겨울이 오면 그리워지는 사람

두 손에 모락모락한 찐빵 하나 들고
호로 불며 미소 짓던 너
발그레한 네 모습 떠올리며 웃음 짓는다
온 누리 흰 눈 덮인 날 널 다시 만나면
벙어리장갑 끼고 눈사람 만들고 싶다

소나무 가지에 소복이 쌓인 눈
청설모가 신나는 듯 이리저리 흔들어댈 때
떨어지는 눈덩이 바라보며 함박웃음 지을 거야
깊은 눈에 발이 빠져 당황한 토끼를 볼 수 있을까?

흑백 영화 주인공처럼 이리저리 뒹굴며
마냥 행복에 겨워하는 너의 웃음소리
너의 차가운 두 손을 꼬오옥 잡고
호호 불며 녹여줄 거야
오늘따라 왜 눈물이 날까
겨울이 오면 더욱 그리워지는 사람

낮은 사랑

발이 걷는다
나의 몸무게를 힘겹게 짊어지고
터벅터벅 걷는다
빠르면 빠른 대로, 느리면 느린 대로
말없이 걷고 또 걷는다
다섯 개의 발가락은 힘이 세다
나의 몸무게를 거뜬히 견디기 때문이다
그러한 발가락에 관심 한 번 갖지 않았는데
오늘은 발이 아파서 한참 동안 만지작거렸다
바셀린 바르고 마사지하고 나니
발이 해맑게 웃는다
생각을 낮추니 보이지 않던 것이 보이고
생각을 낮추니 모든 것들이 새롭게 다가왔다
낮은 사랑이다

버림, 그 아름다움

쌓인 눈도
햇볕이 버거울 땐 녹아내리듯
생사를 함께하는 산행길에
배낭 속 식량이 힘겨울 땐
하나둘
내려놓고 버리듯
삶의 무게가 거추장스럽고 무거울 땐
두텁고 헌 옷들을 벗어 던진다
곱고, 예쁘고 소중한 생의 옷가지들도
더 나은 삶을 위해
내려놓고, 버려야 한다는 것을
이제야 알 것 같다
그,
버림의 미학을

회상

그대의 고운 마음씨는
깊게 파인 세월의 흔적에도
봄 햇살에 꽃을 피우고
그대 향한 내 그리움은
물안개로 그대에게 다가가고

커다란 소나무 우듬지에 모여 앉아
쉴 새 없이 재잘대는 산새들은
지난날들의 나의 회상인 듯,
한없이 부족하고 후회스럽고
생각하고 싶지 않은
지난 이야기들

함께 걸어요

눈이 내립니다
내 마음에도 그대 머리 위에도
눈이 내립니다
푸르던 하늘이 한치의 앞도 보이지 않고
잿빛의 막막함으로
내 앞에 다가옵니다
앞이 보이지 않음이
차라리 나을 수도 있겠습니다
보이지 않는 미래를 향해
아무 생각 없이 걸어가면 되니까요
언젠가는 맑고 푸른 하늘과 눈부신 햇살이
가슴 벅찬 환희로 다가올 테니까요
함께 걸어요,
저 하늘 끝까지

벙어리장갑

누군가의 손을 잡으면
유난히 차가운 사람이 있습니다
그럴 때는
따듯한 손이 되어주고 싶습니다
커피잔을 꼭 잡은 두 손처럼
내 볼에 데고 따듯하게 녹여주고 싶습니다
열한 살 소년의 차가운 손에 낀
벙어리장갑 같은

제2부

바람도 머물다가는 여향헌

바람도 머물다 가는
여향헌(餘香軒)
멍울 맺힌 목련
함께 보는 꽃
봄꽃 1
봄꽃 2
봄비를 맞으며 걸어봐
꽃에 대한 질투
앵두꽃

달빛으로 너에게 간다
클로버
그대 오세요
보리밭 풍경
소리산 양지꽃
벚꽃
꽃을 담고
바람을 맞다

바람도 머물다 가는 여향헌(餘香軒)

나지막한 야산으로 둘러싸인 양지바른 공간
바람도 멈춰버린 정오 즈음에
따스한 햇살이 머무는 이곳, 여향헌(餘香軒)
나는 이 소중한 공간에서 얼마나 머물 수 있으려나
잠시 드리운 행복감이 내게는 지나친 욕심일까
바람도 멈추고, 태양도 멈춰버린
정오 즈음에 여향헌에서…

멍울 맺힌 목련

이슬 맺힌 목련이
가슴 벅찬 아침을 열며
크고 작은 몽우리마다 눈을 맞춘다
어서 피어 환하게 웃어주려무나

재잘대는 한 무리 참새떼들
바쁜 울음으로 하루를 연다
팝콘 같은 순백의 목련꽃을 기다리며
그렇게,
오늘도 목련 같은 하루를 또 연다

함께 보는 꽃

봄 햇살에
활짝 피어난 꽃을 찾아
벌 나비는 반갑게 날아드는데
이쪽저쪽 넘나드는 고무줄놀이에
흙먼지 일으켰던 소꿉친구들은
오지도 않는 그들을 볼 수는 없을까
해맑은 미소로 재잘거렸던 그 어린 시절은
반백 년이 흘러도
눈망울에 맺히고 귓전에 들리는 듯한데
정겨웠던 친구들은
지금은 어디서 무엇하고 있을까
여전히
벌 나비는 꽃을 찾아드는데…

봄꽃 1

누군가의 음률에 맞춘 듯한
코 고는 소리와
고단함에 지친 잠꼬대의 중얼거림이
오히려 정겹게 들리는 어둑새벽
깊은 잠을 깨우는 새벽 봄비에
내 마음속 수많은 꽃들도
사방으로 흩어지며 꽃비로 내린다
내가 만일 꽃이 된다면
화려한 꽃이 아닌
향기 고운 꽃이 되고 싶다
그래서 오래도록 향기 나는
봄꽃이 되고 싶다

봄꽃 2

보고 싶다고 말하지 않겠습니다
그립다고도 말하지 않겠습니다
보고 싶고 그리워도
그대에게 달려갈 수 없음에
난 이미 말을 잃었으니까요

서글픔에 잠 못 이루는 밤이면
저 하늘에 별들도 따라 울고
달빛을 머금은 수탉도
내 마음을 읽은 듯 소리쳐 웁니다

아침이 밝아오면
그대 얼굴은 봄꽃으로 피어날 것입니다
그때
난, 함박웃음으로 그대를 맞이할 것입니다

봄비를 맞으며 걸어봐

봄비를 맞으며 걸어봐
나의 머릿결을 부드럽게 만져주지

봄비를 맞으며 걸어봐
메마른 나의 마음 촉촉이 적셔주지

봄비를 맞으며 하늘을 봐
거칠어진 나의 볼에 키스를 해주지

봄비를 맞으며 하늘을 봐
눈에 이슬 맺혀 코끝이 찡해지지

그런,
봄비를 맞으며 걸어 봐

꽃에 대한 질투

누군가 바라보는 내 모습이
꽃처럼
아름다웠으면 좋겠다

누군가 잡아주는 내 손이
꽃처럼
향기로웠으면 좋겠다

누군가 불러주는 내 이름이
꽃처럼
예뻤으면 좋겠다

그렇게
꽃처럼 살았으면 좋겠다
그랬으면 좋겠다

앵두꽃

앵두가 이렇게 이쁜지
예전엔 미처 몰랐다
연둣빛 앵두가 탐스럽게 커가고 있다
송송한 잎의 솜털은 얼마나 부드러운지
소녀의 손을 잡고 있는 듯 촉감이 좋다
너무 귀여워 자꾸 들여다본다
수줍은 듯한 앵두가
얼굴을 붉히는 것 같아
더 이상 바라볼 수 없다

달빛으로 너에게 간다

어둠이 내린 너의 창에 매달려
잠든 너의 모습을 바라보다가
새벽이슬에 산산이 부서진 달빛으로
힘없이 너를 불러본다

너는 노오란 민들레로 피어나서
누군가 토해낸 그리움의 한숨에
흰 구름 타고 내게로 와서는
머물지도 않고 떠나간다

클로버

클로버는 이름도 많지
토끼풀, 시계풀, 반지 풀

쪼그려 앉아 네 잎 클로버 찾다가
운 좋게 눈에 띄면
고이 꺾어 책갈피에 넣어두었지

하얀 꽃 두 송이 꺾어
꽃시계 손목에 차고
가슴 뿌듯해 자꾸 들여다보았지

올해도 클로버 하얀 꽃 피웠네
무심히 지나치려다 들여다보니
아~ 그 꽃, 여전히 곱기도 하지
행운과 행복을 가져다주는
그
꽃

그대 오세요

꽃피는 봄이 오면 오세요

나를 미워했던 사람도
내가 미워했던 사람도
나를 좋아했던 사람도
내가 좋아했던 사람도

모두 모두 오세요
그대 위해 향기로운 들꽃
피워놓을 테니까요

보리밭 풍경

하늘에는 흰 구름 떠가고
푸른 들녘 보리밭엔 사랑이 익어간다

그대 손잡고 보리 물결 바라보니
다정히 바라봤던 그 시절이 그립구나

빛바랜 미소 지으며
저 풍경을 바라보는 지금의 너와 나

벌써,
서산에 걸린 노을이 벌겋구나

소리산 양지꽃

소리산 산등성이 바위 위에 앉아
무엇이 즐거운지 깔깔 데는 여린 얼굴
노랗게 피어난 모습이 하도 예뻐
그 모습 그대로 내 마음에 담았다

나를 닮은 너를 바라보다
네가 있어 내가 있고
내가 있고 네가 있어
서로 닮은꼴임을 알았지

햇볕이 좋아 양지 녘에 핀
소리산 양지꽃

벚꽃

나뭇가지에
수없이 피어난 벚꽃
환희와 순수를 머금고 피었다가
푸른 잎새 돋기 전
하얗게 세어가며
연둣빛 생명 남겨둔 채
순간 낙화하는
너,

꽃을 담고

네가 나의 꽃이어서 좋아
나만의 꽃이 아니어도 좋아
늘 너의 환한 미소를 바라볼 수 있기에

네가 나의 꽃이어서 좋아
계절이 바뀌면 꽃은 지겠지만
내 마음에 담아놓은 너는 시들지 않아
목련꽃, 찔레꽃, 국화꽃, 모든 꽃이 되어
언제나 내 안의 꽃으로 피어날 테니까

바람을 맞다

바람이 분다
내 가슴을 떼밀며
한 걸음 한 걸음 내딛지만
그럴수록 더 세차게 떼민다
살아간다는 건, 언제나 그렇게
바람을 맞으며 걷는 일이다

따사로운 봄 햇살도
영원할 것 같은 사랑도
바람 한 점 없는 고요함 속에
잠시 머물다가
폭풍이 다가온다는 것을 알아야 한다

오늘도 나는 그 바람을 맞는다
내일도
그리고 모레도 맞을 것이다

제3부

비내리는 이포강

하루살이의 삶
비 온다
비 오는 날에는
비 내리는 이포보
사랑꽃 1
사랑꽃 2
오월의 추억 하나
기다림의 끝자락

사랑 비
기다림의 미학
그곳이 바로
다른 세상
술 한 잔
만득이와 허수아비
어머니의 모시 적삼
시인

하루살이의 삶

하루살이의 삶은 길고도 짧다
강에서 좋아라 날아올라
기껏 가는 곳이 다리 위 가로등이다
이놈도 저놈도
가로등 밑 거친 아스팔트에
몸을 내던져 꽃 무덤이 되었다
나도 기나긴 삶이라고 생각했지만
살다 보니
너의 삶과 다를 바 없다는 걸 알았다

비 온다

비가 온다
비 오는 날이 좋다
멈추었던 내 마음이
비처럼 흐르기 때문이다
처마 밑에서 하늘 한번 땅 한번
너를 바라본다
미친 듯 달려온 세월 속에
기억하고 싶지 않은 기억과
생각하고 싶지 않은 생각들이
비와 함께
쓸쓸함으로 내린다

비 오는 날에는

비는 시원하게 내리는데
내 마음은 왜 이리 정체된 느낌일까
누구와 함께 한 잔의 소주를 기울이면
막혔던 흐름이 뻥 뚫릴까?

노릿한 삼겹살에 구운 마늘 한 점
술잔에 담긴 숱한 침묵의 언어들을
빗소리는 알아줄까?

훤히 들여다보이는 그대 마음처럼
맑은 소주잔에 오늘 하루를 따라
단숨에 마셔버릴까?

눈 뜨면 하루가 시작되고
잠들면 또 다른 하루가 시작되는데…

비 내리는 이포보

비 오는 날
이포보 편의점에서
몸을 숨기고, 나는
컵라면 한 젓가락에
김 서린 소주병을 찾았다

인생이 늘 애달프듯이
비탈진 이포보 강둑에
아스라이 피어있는 금계국이
애처로워 보였다

뿌연 비바람을 업은
이포보 여울목도
한숨을 내쉬며
쓴 소주잔을 기울였다

사랑꽃 1

연초록 손을 흔들던 날
나는 사랑을 했고
함박꽃도 활짝 피웠다
바람이 불어와
온 누리에 꽃향기 흩뿌린 뒤
꽃은 시들어갔다.
벅차오른 사랑의 꽃향기만큼
사랑의 절망 또한 넓고 깊어
눈 감고 생각해보지만
사랑은 알 수 없다
그렇지만,
해맑은 얼굴로
너를 바라보며 그리워한다

사랑꽃 2

내가 그대를 사랑한다고 해서
아픔을 안겨주는 사랑은
사랑이 아닙니다

봄날에 곱게 핀 꽃 길을 걷듯이
조심스레 꽃 한 송이 꺾어 들고
흐뭇한 미소를 지어 보이는 것이
진정한 사랑입니다

그대여!
봄바람에 살랑이는 풀꽃처럼
오늘은 소박한 사랑꽃 한 송이
고이 접어 전하렵니다

오월의 추억 하나

물보라를 일으키는 강물은
시원스레 흘러가며
물고기 숨소리에 귀 기울이고
새초롬 자주병꽃은
하늘에 이어폰을 꽂고
우주의 음악을 듣는다
눈으로 말하고
귀로 보는
너와 나
나란히 앉아
수없는 새털구름
덩그러니 가슴에 담는다

기다림의 끝자락

바람이 불어옵니다
한낮의 시간은 어디론가 불어 보내고
땅거미 내려앉을 무렵 바람이 붑니다

누군가를 초조함으로 기다립니다
밤 되면 불어오는 바람처럼,
그렇게 기다림은
나의 일상이 되었습니다

기다림 끝에는
사랑하는 사람이 환하게 웃음 지으며 서 있고
먼 곳에서는 손을 흔드는 사람도 있습니다

오늘도, 나는
그 기다림의 끝자락에 서서
누군가를 기다리고 있습니다

사랑 비

또독 똑똑 또도독
비는 새벽부터 창문을 두드립니다
천 만근의 잠에서 깨어나 창문을 여니
반갑다는 듯 손뼉을 칩니다
손 내밀어 악수를 건네자
차갑게 입맞춤합니다
왠지 눈물이 흥건하여 옆을 바라보니
누군가가 하얀 손을 내밀고 있었습니다
오늘 하루도 애썼고, 잘 살았다고
눈빛으로 전해주는 뿌듯한 행복감에
가슴이 따뜻해졌습니다
새벽 창을 두드리는 비처럼
내 맘을 두드린 그 사람,
사랑은 그렇게
새벽 비처럼 내렸습니다

기다림의 미학

밤송이가 스스로 아람을 떨어뜨릴 때
제대로 된 알밤을 먹을 수 있다
억지로 아람을 벌리고 밤을 꺼내면
그때의 밤은 풋밤이다
기다림도
그렇다

그곳이 바로

멀리서 들려오는 빗방울 소리에
참았던 울음을 터뜨리는
개구리의 애절함처럼
비는 그렇게 울었다
우는 비는 어느 임의 눈물로 내리고
내리는 비는 누군가의 그리움으로 흘렀다
비는 슬프디 슬퍼서 개울로 내려가고
슬프고 슬퍼서 강으로 흘러갔다.
그렇게 흐르고 흐르다 멈춰 선 곳
그곳이 바로
내 마음이라네

다른 세상

짧은 순간이었다
난, 또 하나를 잃었다
아니, 잃은 것이 아니라
무언가를 버린 것이다
나는 안다
아쉬움이란 순간 사라진다는 것을
참 다른 세상
그 다른 세상으로
내가 다가서는 날이다

술 한 잔

비 오는 날
생각 나는 한 잔의 술
비에 젖어 마신다

이런저런 생각에
웃다가, 한숨짓다가, 눈물짓다가
사는 게 뭐 별것 있겠어?
날 밝으면 새날이 오듯이
내일엔 새로운 역사를 쓰는 거야
내가 바라는 삶은 내가 만들고
내가 추구하는 가치는 내가 창조하는 거야

비 오는 날은
왜 이리 술맛이 좋은 거야

만득이와 허수아비

사람인가?
아닌가?
사람 같기도 하고
아닌 것 같기도 하고
가까이 가볼까?
궁금하기도 하고
무섭기도 하고
아이~
이상하게 생겼네…

어머니의 모시 적삼

보슬비 내리는 이른 아침
시원한 물줄기가 펌프에서
콸콸콸 쏟아진다

잠이 덜 깬 채 방문을 열고
무심히 어머니를 바라본다.
세숫대야 물로 세수하시는 모습이
참으로 곱습니다

손톱의 흙을 씻어내는 손가락 사이마다
찢어진 바랭이풀이 박혀있습니다
미끄덩대는 검정 고무신 속에도
흙과 풀이 잔뜩 들어 있습니다

홑 적삼이 비에 젖어
속살 비추는 모습에 눈물 찔끔 납니다
이른 아침 바랭이풀과 실랑이하셨나 봅니다

오늘, 웃자란 바랭이풀의 고추밭을 보니
곱기만 했던 어머니 생각에
가슴이 아려옵니다

시인

시인,
참 멋진 이름이다
어떤 이는,
하룻저녁에 여러 편의 시를 짓는다고 한다
난,
단 한 편도 지을 수 없는데…

시는 많이 짓는 게 중요하지 않다
사물과 감성으로 호흡하며
변치 않는 사고와 분별 의식을
과감히 깨부수는 것이다
시를 짓는다는 것은
시혼으로 이미지를 형상화해
누군가에게 새로운 삶으로 꿈으로
다시 태어나게 하는 것이다.
시인은 가슴속에는 시심으로 가득 차 있고
때론, 시대를 아파해야 하며
또 다른 세계를 발견하는 일상의 사람들이 시인이다

제4부

버릴 수 없는 인연

문이 없다
사람은 늘
공주의 환생
적응이란 것
사람은 그래요
아내에게서 어머니를 본다
고독
날씨가 차요, 어머니
이해한다는 것

그리움 1
산다는 게
짝사랑과 혼술
짝사랑
그리움 2
끝나지 않는 전쟁
사랑의 갈증
사랑의 시작점

문이 없다

우리 집에는 문이 없다
대문도 없고, 현관문도 없고
방문도, 화장실 문도 없다

나의 마음에도 문이 없다
누구나 내 마음에 찾아들어
놀다가 웃다가 훌쩍 떠난다

배짱이 좋다
보아라, 내 마음속 구석구석을
거울처럼 내어놓고 산다
하지만, 내 마음속 가득 메웠던 너의 온기가
날로 식어가니 이제는 문을 닫아야겠다
너의 온기가 다 식기 전에

사람은 늘

어제 내린 비로
싸늘한 바람이 가슴에 파고들어
소리 없는 한숨만이 나온다
함께 있어 좋고
늘 그리운 사람
너와 난 그런 사이였지
착각이라고?
착각이어도 좋아
사람은 늘 착각 속에 사니까

공주의 환생

공주,
오! 아름다운 공주
평생 공주를 위해 살겠소
몇 십 년 함께 살다 보니
그녀는 진짜 공주였다
공주의 환생인 것이다

한평생 부마로 산다는 것은
참으로 아름답기도, 힘겹기도 한 것이다
아름다운 동행을 위해
부마로서 소임을 다 할 것인가
공주의 환생을 위해
오늘도 나는 말의 고삐를 잡고
한 시대를 거슬러 올라간다

적응이란 것

살다 보면 적응이라는 장벽을 만난다
낯선 환경과 만남에도 적응이 필요하다
희로애락도 어우러지는 적응의 결과물이다
적응은 때론 기다림이다
우리의 삶 속에 보이지 않기에
어쩌면 숙명이기도 하다
오늘도, 내일도
우리가 만난다는 자체가
적응의 과정이다
너와 나의 만남 또한
적응의 단계이듯이

사람은 그래요

사람은 생각이 깊어요
사람은 꿈이 있어요
사람은 베풀 줄 알아요
사람은 위로할 줄 알아요
사람은 용서할 줄 알아요
사람은 상처를 감싸줘요
사람은 외로울 때 안아줘요
사람은 힘든 것을 덜어줘요
사람은 기쁠 때 웃어요
사람은 슬플 때 울어요
사람은 그래요

아내에게서 어머니를 본다

내 어머니 살아계셨을 때
식사 때만 되면 늘 타박이셨다
밥을 조금 입에 넣으시고 하시는 말씀이
모래알 씹는 것 같다
입이 소태처럼 쓰다
밥을 파리가 빨아놓은 것 같다
타박도 많고 투정도 많았던 어머니

오늘은 함께 밥 먹는 아내에게서
그 어머니의 모습을 보았다
힘없이 씹어 삼키는 모습에서
모래알 씹는 맛이 어떤 맛일지 알 것 같다
아내가 어머니의 연배쯤 되었을까
맛의 행복을 느끼지 못하는 허무한 맛이
그 맛이었을 것이다
예전에는 어머니를, 그리고 지금은 아내를
바라보는 내 입맛도 소태를 씹어 삼키는 듯하다

고독

고독이 꿈틀댄다
깊숙이 똬리 튼 내 마음속에서
반평생 함께 살아서일까?
떠날 생각도 하지 않고
잊힐 듯하면 되살아나고
잊힌 듯하면 내 곁에 있다
이젠, 그 고독을 술병에 담아놓고
한 잔 두 잔 따르며 건배를 한다
나는 우는데 고독은 웃고
고독이 울 때는 내가 웃는다
밤을 지새운 고독이 취하니
술병도 비틀거리며 내게 기댄다
고독은 그렇게 함께할 평생의 벗인가 보다

날씨가 차요, 어머니

가뭄에 갈라진
논바닥 같은 손바닥을 바라보며
괜스레 투정 부리곤 했습니다
그런데도 어머니는
흐르는 콧물을
치마폭으로 훔치시며
옷매무새 다잡아 주셨습니다

어머니의 거친 손처럼
찬바람이 내 볼을 스치니
온몸이 사무치도록 그립습니다
한 번만,
딱 한 번만이라도 안아보고 싶고
꿈결에 내 이름 부르시는 목소리 듣고 싶은데
내 가슴엔
찬바람만 휑하니 스치고 갑니다

이해한다는 것

이해한다는 것
상대를 이해한다는 것은
얼마만큼 알아야 이해한다고 할 수 있을까요?
장님 코끼리 만지듯
한 부분만 만지고 전체를 안다고 할 수 있을까요?

이해한다고 함부로 말하지 마세요
그대가 내가 아니듯 나도 그대가 아니거늘
이해한다, 다 안다고 말하지 마세요
굳이 말하지 말고
편한 웃음 지으며, 손잡고, 안아보세요
그때, 마음에 울림이 있다면
눈물 한 방울 떨궈보세요

이해한다고 말하지 마세요
이해하려고 애쓰지 마세요
오늘은 그냥 웃어요

그리움 1

순간순간
그녀를 안아보고 싶었다
세월이 흘러서 알게 된 것은
안아보고 싶은 것이 아니라
내가 그녀의 품에 안기고 싶었던 것이다.
산다는 것은
그렇게 보이지 않은 그리움을
서로의 품에 안고, 안기고 싶은 마음으로
살아간다는 것을 알게 되었다

산다는 게

누구는 이유 없이 사랑하고
누구는 이유 없이 미워하지
카인은 미움을 받았고
아벨은 사랑을 받았다
사랑한다 해도 사랑으로 전해지지 않고
소리쳐도 무언가에 막혀 되돌아오는
숙명 같은 현실을 감내해야 하는
나 또한, 어떠한가
멈추고 싶어도 멈출 수 없는 현실은
내게 비웃듯 말을 건넨다
이런 것인가?
산다는 게

짝사랑과 혼술

사랑엔 짝이 있는 짝사랑도
짝이 없는 짝사랑도 있다
짝다리나 짝눈처럼 짝은 있으나
짝이 될 수 없는 사랑, 짝사랑
짝사랑은 어쩐지 혼술을 닮았다
혼자 마시는 술 혼술은
술맛의 깊이를 음미할 수 있고
마시는 속도 조절도 가능하다
웃고 싶을 때 웃을 수 있고
울고 싶을 때 울 수도 있다
짝사랑과 혼술은 친구 같다
마음껏 그리워하다
가슴 설레는 기다림으로 잠이 드는
그래서 기분 좋은 짝사랑처럼
난,
오늘도 혼술을 한다

짝사랑

밀물과 썰물처럼 유유자적 사랑하다가
한순간 멈춰버리면 습관처럼 그렇게
일렁이겠지만 멈추고 싶을 때
멈출 수 있는 사랑, 그런 사랑이 좋다
산책 길 햇살 고운 노란 양지꽃을
만나면 미소 가득 바라보는 눈길에 행복이
묻어나듯 그저 바라만 봐도 기분 좋은 사랑
그런 사랑이 좋다
바라지도 원하지도 않고
재촉하거나 따지지는 않지만
세상을 다 가진 것 같은 사랑
그런 사랑이 좋다

그리움 2

시간은 속절없이 흐르는데
내 마음은 항상 그 자리
가슴에 응어리진 서글픔은
화석이 될 것만 같습니다

그대의 그리움에 잠 못 드는 밤
긴 한숨은 창밖에 내달리는
자동차 경적의 울림처럼 요란합니다

이 밤이 지나면 새날이 오겠지만
그대 향한 이내 마음은
즐거웠던 그 시절 그날에
여전히 머물러있습니다

끝나지 않는 전쟁

사랑하여 만난 사람
사랑하여 한 가정을 이루고
얼마간 행복하였네

살다 보니
불만으로 언성 높고
결핍으로 쌓인 감정
풀어보려 애쓰지만
팔자려니 살아간다

기나긴 전쟁
언제쯤이나
끝나게 될까

사랑의 갈증

좋아함이 잦으니 사랑이 되고
사랑이 깊어지니 미움이 되네
미움이 쌓이니 눈물이 되고
눈물이 흐르니 목멤이 되네
좋아함이 애타는 마음이 되니
갈증을 달래주는
물 한 잔만 못 하더라

사랑의 시작점

그리워할수록 더욱 그립고
보고픈 맘에 지새운 밤은 길기도 하다
미워할수록 미움은 더욱 커지고
원망하면 할수록 더 원망스럽다

꽃은 꽃다움으로 나무는 나무다움으로
산과 들녘에서 제 몫을 다하는데
생각 많은 사람들은
갈팡질팡 허우적대며
늘 불안과 초조함에 시달린다

허영과 욕심을 버리고
한 줄기 햇살에
웃음 짓는 들꽃처럼 산다면
그 무엇이 부러울까
땀 흘리고 난 뒤 마시는 한 잔의 물
그 얼마나 행복한가

긴 세월에 지친 몸에도 생기가 돌고
그동안 돌보지 못한 아쉬움에 가슴 아프지만
이제라도 알게 된 몸 사랑의 의미
그 사랑의 시작점을 알 것 같다

제5부

내가 머무는 세상

판교에서 여주행 열차를
기다리며
영월루
단념 그리고 포기
고독
바람난 날
병든 모난 사람
깡통
그렁그렁
사랑의 다리

모래 위에 집을 짓다
행복과 불행
그 누군가를 떠나보내며
술잔에 그리움 담아
사랑
빈 술잔 앞에 두고
고들빼기 사촌
인생 여정
부엉이바위
내가 머무는 세상

판교에서 여주행 열차를 기다리며

기다림은
지루하기도 하지만
때로는 설레기도 하다
집으로 향한 마지막 열차를
기다리며 서있다
집에 가면 내 자리로 돌아왔다는
안도감과 늘 맡던 익숙한 향기
그리고 반가워 소리치는 만득이
그래 그곳이 나의 머물 곳이다
이제 막 요란한 경보음과 함께 열차가 들어온다
그 기다림의 끝은 열차에 오르는 순간
또 다른 기다림이 나를 찾을 것이다
삶이란 그렇게 기다림의 연속인가 보다

영월루

영월루에서 바라본 남한강은
언제나 고요히 흐르는 강이었다
내 마음속 시간의 강물도
말없이 흘러가고 있듯이
욕망도 허세도 미움도
그렇게 강물처럼 흘러갈 것이다
먼 훗날 바다에서 만날 때는
모든 걸 끌어안는 벅찬 사랑
한 아름 안아보고 싶다

단념 그리고 포기

사람들은 나에게 포기하라 한다
그러나 잠시 단념할 뿐이다
포기는 미래를 어둡게 하지만
단념은 더 나은 미래를 여는
밑거름이기 때문이다

고독

그대 슬퍼마오
내가 그대 곁에 있다오
눈물짓는 그 모습이
아침 이슬보다 더 아름답게 보이는 것은
그대가 너무도 소중하기 때문이라오

그대의 눈물을 닦아주고 싶고
봄날 바람결 같은 그대의 머릿결
품에 안고 싶지만
그대가 나이고 내가 그대이기에
혼자서 흐느껴 울 뿐이라오

때론 풀벌레이고
때론 떨어지는 갈잎이기에
언젠가 나를 밟고 지나가는 나그네의 마음이라오

그대 슬퍼마오
내가 그대 곁에 늘 함께한다오

바람난 날

만 원짜리 한 장 들고 길을 나섰다
봄바람에 바람난 처녀처럼
그렇게 마음 한구석이 허전해서
누군가 반겨주지는 않지만 그 누군가를
만나기 위해 전철에 몸을 실었다
일렁이는 전철이 나를 어딘가로 데려다주겠지
그저 나는 이놈의 몸속에서 잠시 머물러 있다가
내려주면 내리고 태워주면 타고 하면 된다
가끔은 교통카드를 대었다 떼는 번거로움이 있지만
눈 하나 슬쩍 감아주면 된다
누군가를 만난다면 웃으면 되고
예의상 안아주면 되고
말하면 들어주면 된다
그러다가 나 역시 상대가 들어주든 말든
의미 없이 말들을 뱉어내고는 돌아서면 된다
그러면 이놈의 열차가 또 나를 지 몸에 태우고 왔던
곳으로 데려다줄 것이다
오늘은 왠지 요란스러운 소리로 뭐라 말하려는
전철과의 만남이 가장 많은 시간을 보내는
바람난 날이다

병든 모난 사람

병든 사람은 모난 사람에게
모가 났다고 하고
모난 사람은 병든 사람에게
병이 들었다고 합니다
어느새 두 사람은
병든 모난 사람이 되었습니다

깡통

깡통을 아세요
고등어 통조림
복숭아 넥타
그저 그런
거지 깡통

깡통을 아세요
발로 차면 요란한 소리를 내는 깡통
발로 차도 그저 소리 내지 못하는 깡통

깡통은 우리네 밥줄
깡통은 화풀이의 대상

깡통
깡통
그래 깡통

그렁그렁

가을비에
스크렁 눈망울마다
그렁그렁 눈물이 맺혔습디다
그 모습 바라보는
나의 눈망울에도
그렁그렁 이슬이 맺힙니다

너도 나도
그렇게 그렁그렁
힘겹다고 그렁그렁 합니다

사랑의 다리

오늘도 나는 출렁이는 사랑의 다리를 걷는다
오를 땐 가슴이 부풀어 올라 세상을 다 가진 것 같고
내려갈 땐 지옥까지 떨어져
영원히 헤어나지 못할 것만 같은
사랑의 다리

손을 잡을 땐 온몸에 따스한 온기가 전해지지만
손을 놓을 땐 가슴까지 얼어붙어
유리벽이 되어버리는
사랑의 다리
오늘도 나는 그 사랑의 다리를 걷고 있다

모래 위에 집을 짓다

누구는 바위 위에 집을 짓고
누구는 땅 위에 집을 짓고
나는 모래 위에 집을 짓는다

바람 불면 쓰러질까
비가 오면 무너질까
항시 불안하지만

왜냐고 묻지 마라
우리네 인생이 그러하듯
언제 어디서 어떻게 될지 모르는데
내 몸 하나 누울 공간이면 넉넉하지 않은가!

미련하다 말하지 마라
어느 때든 훌훌 벗어던지고
떠날 수 있는 홀가분함
이 또한 좋지 않은가!

행복과 불행

우리 집 강아지, 만득이는
오늘도 전용 소파에 누워
주인을 기다린다

주인과 늘 함께하고 싶지만
기다리는 일도 네 일이니
그 일이 너에게는 일상이겠구나

주인이 밥 먹을 때
혹시나 맛난 것 주지 않을까
하염없이 기다리는 너
어쩌다 과일 한 조각 베어주면
좋아라 물고 가는 너

그것이
너의 행복일까?

그 누군가를 떠나보내며

아쉬움 남겨두고 떠나는 그 누군가의
마음에 좋은 기억만 한 아름 안고 가라고
염주 씨앗 품은 모감주 꽃을 몇 가닥 꺾어왔습니다
108 염주 한 알 한 알 뒤로하며 속상하고 억울하고
슬픈 기억들은 하나하나 잊어주세요
아침 이슬에 비추는 그 영롱한 기억
한 아름 안고 가세요
그대 가시는 길 함박웃음 지으며
가벼이 보내드리겠습니다

술잔에 그리움 담아

비가 와도 날은 새고
비 맞아도 꽃은 피고
비가 오니 더욱 그립다

마음을 위로하고
마음을 데워주고
차갑게 잡아주는 손이
내 마음을 위로하네

메꽃 한 송이 따서 술잔에
담아 마시면 그리움이 덜어질까
빗소리가 잦아지니
그대 생각 간절하구나

사랑

사랑의 맛이 있다면
아마도 잘 읽은 살구 맛일 거야
사랑은 달콤하고 새콤하니까

사랑의 향기가 있다면
아마도 찔레꽃 향기일 거야
사랑은 찔레꽃 향기처럼 피어나니까

사랑이 기다림이라면
나는 설렘으로 기다릴 거야
지루하지 않은 설렘으로 기다릴 거야

빈 술잔 앞에 두고

빈 술잔을 앞에 두고 술을 마셨습니다
술잔은 비었지만
그 자리엔 사람들이 머물다 갑니다

"자네, 한잔하시게나"

친구도 만나고
형제도 만나고
보고픈 사람도 만나고

오늘, 나는
많은 사람을 만났고 대화를 나눴습니다

그런데 그대와 마주 앉으니
눈앞이 아른아른합니다

고들빼기 사촌

노란 고들빼기가 하얀 씀바귀에게 물었다
"내가 하얀색이니?"
"아니, 노란색이야."
하얀 씀바귀가 노란 고들빼기에게 물었다
"내가 노란색이니?"
"아니, 하얀색이야."
고들빼기와 씀바귀는 자신들의 색깔을 모르고 있었다
자신의 앞에 보이는 상대의 색깔이
자신의 색깔로 알고 살아온 것이다

인생 여정

인생 여정 속에 나는 또 다른 여행을 떠난다
잊고 또 잊고…
잊으면 잊을수록 슬퍼지는 것은 벅차오름을
조금씩 꺼내버렸기 때문이다
나는 너에게
너는 나에게
미움 한가득 넘치게 채워 넣었기에
원망하나, 미움 하나 꺼내니 눈물도
꺼낼 수 있게 되었더라
사는 것이 여행이라지만 나는 그 설레는 여행은
언제쯤 떠날 수 있으려나
어제나 오늘이나 나에게는 같은 날 같은 환경
변함없는 나를 바라볼 뿐이다

부엉이바위

그립다고 말하지 마세요
그 임은 이미 우리의 마음에 있으니까요
슬퍼하지도 마세요
그 임은 자연의 이치와 닮았으니까요

보고파서 찾은 곳이지만
그 임의 모습 어디에도 없어 두리번거렸어요
부엉이바위에 멈춘 그대 시선
가슴 한편 먹먹함으로 하늘을 올려다볼 뿐

그대, 어찌하오리까
기뻐서 울었고
시원해서 울었고
답답해서 울었고
원통해서 울었고
애처로워서 울었으니
그대 이제는 울지 마오

내가 머무는 세상

길을 걷다가
문득 돌아보니 누군가 따라 걷고 있습니다
고개를 숙여 발끝만 바라보며 상념 가득한
모습이 참으로 나를 닮아 있습니다

양지쪽 흰 눈은 파르라니 몸을 녹이고
애써 바라본 하늘은
삼킬 듯 나의 몸을 파랗게 물들여 갑니다
함께 걷던 그도 간데없고 나도 이제 돌아가야 합니다
그런데 돌아가려니 어디로 얼마만큼 가야 할지
모르겠습니다

눈이 녹으면 새싹이 돋아나고 꽃이 피어나는 곳
파란 하늘과 또 다른 내가 있는, 내가 멈춰서 있는
이곳이 내가 돌아갈 곳이고 또 나아갈 곳이라는 것을
못내 인정해야만 할 듯싶습니다

가슴 가득 들이마셨던 맑은 공기는 가슴에서 입술로
입술에서 눈으로 전해져 맑고 따뜻한 세상을
바라볼 수도, 말할 수도 있을 것만 같습니다
내가 머무는 세상이 가장 행복한 세상이니까요

서평

탐구적 미의식과
질박한 서정성의 시학

홍영수 시인
문학평론가

　정현우 시인의 80여 편 남짓 원고를 탐독했다. 그의 시 세계는 자신과 자신을 둘러싼 일상성을 최대한 반영하고 있다. 그리고 이성적이거나 논리적 예리함, 지적인 주장보다는 몸소 체험과 경험에서 체득한 감성을 통해 대상과 교감하고 소통하고 있다. 그래서 시적 정조가 부드럽고 따뜻하면서 온유한 느낌의 미적 감응으로 다가온다.
　특히 그의 시상은 자연의 현상 속 꽃과 비 등의 시편에서 자신을 성찰하고 삶의 궁극적인 의미를 발견하고 있다. 특히 애달픈 모정에 대한 그리움과 술에 대해서는 남다른 의미와 깨우침을 술잔에 담아 마시면서 자의식을 내면화하고 있는 게 특징이다. 이러한 시상을 감각적으로 표출하면서 정감 가는 시인만의 시어와 산뜻한 리듬감 그리고 그만의 상징, 비유 등의 수사법으로 사유하며 주제 의식을 상기시키고 있다.
　어느 시인의 작품이든 그 작품 안에는 그 시인만이 선택하는 소재와 수사적 특징이 있다. 이러한 과정에 시인의 인생관이나 특별한 심성이 자연스럽게 드러난다. 또한 시인의 감성은 시어에 스며있고,

객관적 등가물인 소재를 통해 시상을 투영시켜 구상화한다. 이에 필자는 그의 자연관에서 취한 소재와 그리고 모정, 술에 대한 단상 등의 시어와 시편들을 살펴보고자 한다.

> 나지막한 야산으로 둘러싸인 양지바른 작은 공간
> 바람도 멈춰버린 정오 즈음에
> 따스한 햇살이 머무는 이곳, 여향헌(餘香軒)
> 나는 이 소중한 공간에서 얼마나 머물 수 있으려나
> 잠시 드리운 행복감이 내게는 지나친 욕심일까
> 바람도 멈추고, 햇볕도 멈춰버린 정오 즈음에 여향헌에서…
> '바람도 머물다가는 여향헌(餘香軒)' 전문

'여향헌(餘香軒)'은 정현우 시인이 사는 택호이다. 향기가 남아도는 '여향헌(餘香軒)'인데 바람인들 어찌 지나치겠는가. 담양에는 그림자도 쉬어가는 '식영정(息影亭)'이 있듯이 여주엔 바람이 쉬어 가는 '식풍정(息風亭)'을 여향헌 뜰에 앉히고 싶어 한다. 그곳에서 행복을 베개 삼아 눕고, 부는 바람 이불로 덮고, 남아도는 향기는 둘러두고 취해보고픈 시인의 전원주택에 대한 예찬의 시이다.

> 향긋한 연기가 문틈으로 스며들고
> 따닥 따닥 딱
> 따닥 딱 따닥
> ………
> 물 부어 긁어 담은 바가지는 엄마 밥
> 둥그런 양은 밥상에 커다란 양푼 하나
> '밥 냄새' 일부

위 시에서 시인은 어렸을 적 이른 아침에 밥 짓는 엄마의 모습을 떠올린다. '밥 향기'의 이미지를 떠 올리며 "따닥 따닥 딱/따닥 딱 따닥"의 의성어를 통해 부엌의 불 피우는 모습과 "보리밥 위에 누룽지는 내 밥/물을 부어 긁어 담은 바가지는 엄마 밥"에서 엄마는 늘 바가지에 밥을 드시면서도 밥의 진미라 할 수 있는 누룽지는 자식에게 얹혀주신다. 화자는 밥상이라는 이미지에서 피어난 모정에서 구수한 그리움 한 주걱 퍼 올리고 있다.

> 손톱의 흙을 씻어내는 손가락 사이마다
> 찢어진 바랭이풀이 박혀있습니다.
> 미끄덩대는 검정 고무신 속에도
> 흙과 풀이 잔뜩 들어 있습니다
>
> '어머니의 모시 적삼' 일부

햇귀가 솟아오른 이른 아침에 어머니는 벌써 밭에 나가 지심을 메고 오셨다. 바랭이풀은 자라는 속도가 매우 빠르다. "손톱에 흙", 손가락 사이에 박힌 "바랭이풀", "미끄덩대는 고무신"에서 어머니 하루의 시작점을 볼 수 있다. 또한 "모시 적삼"과 "고추밭", "검정 고무신", "모시 적삼" 등의 시어는 시인 어머니의 은유이면서 상징이다. 시인은 그 상징과 은유 속에서 어머니의 단상을 떠 올리고 있다.

> 내 어머니 살아계셨을 때
> 식사 때만 되면 늘 타박이셨다
> 밥을 조금 입에 넣으시고 하시는 말씀이
> 모래알 씹는 것 같다

> 입이 소태처럼 쓰다
> 밥을 파리가 빨아놓은 것 같다
> 타박도 많고 투정도 많았던 어머니
>
> '아내에게서 어머니를 본다' 일부

나이 듦은 입맛마저 앗아간다. 식사하는 노모에게서 "모래알 씹는 것 같다"는 말을 흔히 듣게 되는데 그러한 생전의 어머니를 떠 올리면서 지금의 아내를 바라본다. 2연 1. 2행의 "예전에는 어머니를, 그리고 지금은 아내를/바라보는 내 입맛도 소태를 씹어 삼키는 듯 하다"에서 알 수 있듯이 시인은 지금의 아내에게서 지난날의 어머니를 반추하고 있다. 이처럼 시적 대상인 어머니의 이미지에서 아내의 모습을 발견하고 자신만의 정서로 형상화한다. 한편으로는 어머니와 아내에 대한 예찬이면서 실제적 애련이다. 이렇듯 시는 진솔한 마음으로 써야 한다.

> 아!
> 아무짝에도 쓸모없는 짐
> 그렇게
> 짐이 아닌 짐이 되어 버렸다
>
> '짐과 짐꾼' 부분

사람은 누군가의 짐을 짊어지고 가는 짐꾼이면서 때론 예상치 못한 짐이 될 수도 있다. 시인의 푸념 어린 듯하지만 진정인 듯한 시상의 전개다. 한때는 그 무언가를 내 안에 싣고, 안고 다녔는데 어느 순간 누군가가 나를 싣고, 안고 간다는 것, 세상 이치가 그러하다는 것을 알고 있지만 그러함에도 왠지 씁쓸하다. 짐이 된다는 것에 대해서 특히 나이가 들면서는 더욱 그러한 느낌이 강하게 든다. 그렇다고 절대 '잉여 인간'이 아님을 시인은 간과하지 않는다. "들어주고", "옮겨주고"를 했었고, 지금도 하고 싶기 때문이다.

> 오늘은 발이 아파서 한참 동안 만지작거렸다
> 바셀린 바르고 마사지하고 나니
> 발이 해맑게 웃는다
> 생각을 낮추니 보이지 않던 것이 보이고
> 생각을 낮추니 모든 것들이 새롭게 다가왔다
> 낮은 사랑이다
> '낮은 사랑' 부분

'낮은 사랑'에서 러시아 형식주의자 쉬클로프스키의 '낯설게 하기'의 수법을 볼 수 있다. "생각을 낮추니 보이지 않던 것도 보이고/ 생각을 낮추니 모든 것들이 새롭게 다가왔다."에서는 낯익고 일상적인 것들에서 오는 낯섦을 보고 있다. 생각을 낮추고, 낮추니, 보이지 않던 것이 보이고 모든 것이 새롭게 보인다고 한다. 시인은 '낮춤'의 진리를 '발'이라는 심상을 통해 높음에서 보지 못한 것을 낮음에서 볼 수 있다며 내적 자아로 형상화한다. 시인은 일상적이고 고정불변의 사고와 인식의 틀을 망치로 깨부숴야만 보이지 않던 것이 보인다. 그래서 시인은 비뚤어진 시각이 필요하다.

하루를 사는 하루살이나 백 년 가까이 사는 사람이나, 잠시 와서 머물다가 다시 제자리로 돌아가는 것이 인간이다. 시인은 아스팔트 길 위에 꽃무덤이 된 하루살이의 주검에서 "나도 기나긴 삶이라고 생각했지만/살다 보니/너의 삶과 다를 바 없다는 걸 알았다"(「하루살이」부분) 며 하루살이의 삶과 인간의 삶에서 몸의 감성을 통해 대상과 교감하고 소통하면서 동일성의 미학을 발견하고 있다. 세상을 달관하는 듯한 화자는 "천지라는 것은 만물이 쉬어가는 여관(夫天地者萬物之逆旅)"이라 했던 이백을 떠 올린 시편이다.

> 앗!
> 집이
> 썰렁하다
> 냉장고 문을 여니
> 그 속에 기다리는 소주 한 병
> 바로 이것이 나의 참 인생이지
> 조심스레 꺼내야 한다
> 들키면 날벼락이다
> 혼술이 좋아서
> 그냥 마신 술
> 기분 야릇
> 한잔
> 쪽

'혼술' 전문

'혼술'은 고독무우(孤獨無友) 때가 좋다. 그때 술잔에 흥건히 고인 시혼을 집어 들어 올리고, 고독과 사랑 한 방울 따라 마시는 것이다. 이처럼 시인은 '혼술'이라는 심상을 형상화해 집에서 '기분 야릇한', '참 인생'을 마시고 있다. 혼술에 도취 된 엑스터시라고나 할까.

무엇보다 '혼술'을 보면 문자의 속성 중 형태를 중요시했던 1970년대 프랑스에서 일어난 '상형의 그림 시'를 떠 올린다. 대표적 시인 기욤 아폴리네르의 시 'It's raining'이나 '에펠탑'처럼 시인은 '혼술'의 시 형태를 시각적으로 도형화해 글자의 배열만으로 애주가인 중년남성의 불룩한 배의 모습으로 형상화했다.

이처럼 시가 그림처럼 다가올 때 어쩜 독자들을 더욱 사로잡을 수 있다. 그래서 시인은 소위 말한 시의 형태주의(formalism)를 시도한 것이다. "참 인생이지"의 "참" 또한 의도적으로 유명한 모 주류회사를 떠올리게 하고 있다. '혼술'은 시에서 의미 찾기보다는 시 형태를 중시한 시작이라 할 수 있다.

> 뿌연 비바람을 업은
> 이포보 여울목도
> 한숨을 내쉬며
> 쓴 소주잔을 기울였다
>
> '비 내리는 이포보' 일부

문학에서 물의 원형적 상징은 작품에 따라 다르게 나타나지만 '생명력'과 연관 짓는다. 남한강의 이포보에서 시인은 1연의 "컵라면 한 젓가락에/김 서린 소주병을 찾았다." 그리고 4연에서 "뿌연 비바람을 업은/이포보 여울목도/한숨을 내쉬며/쓴 소주잔을 기울였다." 이처럼 주변 풍경과의 만남을 통해 물살이 센 '여울목'을 의인화해 자신과 동일선상에 놓고 인생을 논하며 함께 마신다.

길을 걷다가
문득 돌아보니 누군가 따라 걷고 있습니다
고개를 숙여 발끝만 바라보며 상념 가득한
모습이 참으로 나를 닮아 있습니다

양지쪽 흰 눈은 파르라니 몸을 녹이고
애써 바라본 하늘은
삼킬 듯 나의 몸을 파랗게 물들여 갑니다
함께 걷던 그도 간데없고 나도 이제 돌아가야 합니다
그런데 돌아가려니 어디로 얼마만큼 가야 할지
모르겠습니다

눈이 녹으면 새싹이 돋아나고 꽃이 피어나는 곳
파란 하늘과 또 다른 내가 있는, 내가 멈춰서 있는
이곳이 내가 돌아갈 곳이고 또 나아갈 곳이라는 것을
못내 인정해야만 할 듯싶습니다

가슴 가득 들이마셨던 맑은 공기는 가슴에서 입술로
입술에서 눈으로 전해져 맑고 따듯한 세상을
바라볼 수도, 말할 수도 있을 것만 같습니다
내가 머무는 세상이 가장 행복한 세상이니까요

'내가 머무는 세상' 전문

시집 제목인 「내가 머무는 세상」을 보자. 헤겔의 말을 빌리면 "서정시의 내용은 시인 그 자신이다"라고 했다. 이렇듯 자신의 내면적인 세계를 언어로 표현한다. 그러면서 자신이 느끼는 영혼과 감정의 상태를 일깨운다. 이렇듯 이 시에서 '길', '눈', '하늘', '새싹' 등의 시어에서 보듯 자연과 교감하면서 "이제는 맑고 따뜻한 세상을/바라보고 말할 수 있을 것 같습니다"라고 한다. 작가의 자연 친화적인 삶의 자세를 엿볼 수 있다.

시에서의 감동은 기교가 아니라 진실에서 나온다. 이 시를 보면 함축적이기보다는 조붓한 숲속을 미음완보(微吟緩步) 하면서 자신을 스스로 뒤돌아보는 듯하다. 그러면서 마지막 행에서 "내가 머무는 세상이 가장 행복한 곳이니까요"라고 한다. 무슨 말이 필요하겠는가. 내가 딛고 서 있는 이곳이 가장 행복한 곳이단다. 여기서 무슨 종교적 성찰과 철학과 사상의 책받침이 필요하겠는가. 이곳보다 더 나은 그곳은 없는데.

「내가 머무는 세상」 시집은 정현우 시인의 첫 시집이다. 시집은 시인이 지향하는 시적인 관념과 의미 등을 독자와 공유하고자 하는 강력한 언어의 집이고 사원이다. 또한 시집은 시인이 창작하는 작업을 끝낸다는 의미가 아니다. 지금의 시집은 더 나은 시를 짓기 위해서 또 다른 시의 길을 개척해 나가는 하나의 과정일 뿐이다. 삶을 노래하는 것이 시의 정신이고, 시인이란 그저 시만 쓰는 사람이 아니라 가슴속 깊은 곳엔 생명의 온천수가 충만한 이들이다.

정현우 시인은 일반적인 수사법이나 상징, 기교 그리고 시어 조탁의 미학적인 형식을 깊게 추구하지 않으면서도 남다른 심상과 주제의식 그리고 운율적 작법과 자신만의 언어적 감수성으로 창작했다. 이렇게 빚어진 그의 시는 현대의 시론에서 공론되는 시류와 시론의 틀을 깨고 나와 그 밖에서 노닐고 있다. 그 이유는 정현우 시인의 심성이 금속성이 아닌 식물성이기 때문이다. 그래서 논리적 심성의 토

양에서 자연의 극복이 아닌 감성적인 문화의 구조 속에서 자연 순응적이다. 그것은 로고스가 아닌 페이소스로 삶을 체험하고 겪으면서 시심을 가꿔왔기 때문이다.

정현우 시인은 삶에 대한 깊은 고뇌와 사색을 통해서 시상을 떠올리고 있는데 그것은 범상치 않은 시심과 시혼에서 건져 올린 감각적, 지각적인 시편들에서 알 수 있다. 그래서 다음의 시집이 더 기다려진다.